BEI GRIN MACHT SICH IHR WISSEN BEZAHLT

- Wir veröffentlichen Ihre Hausarbeit,
  Bachelor- und Masterarbeit

- Ihr eigenes eBook und Buch -
  weltweit in allen wichtigen Shops

- Verdienen Sie an jedem Verkauf

Jetzt bei www.GRIN.com hochladen
und kostenlos publizieren

Bibliografische Information der Deutschen Nationalbibliothek:

Die Deutsche Bibliothek verzeichnet diese Publikation in der Deutschen National-
bibliografie; detaillierte bibliografische Daten sind im Internet über http://dnb.d-
nb.de/ abrufbar.

Impressum:

Copyright © 2017 GRIN Verlag
Druck und Bindung: Books on Demand GmbH, Norderstedt Germany
ISBN: 9783668681354

Dieses Buch bei GRIN:

https://www.grin.com/document/418671

Johannes Klein

Veränderte Lernwelten durch den Einsatz von Social-Media Tools innerhalb der beruflichen Aus- und Weiterbildung

E-Learning 4.0

GRIN Verlag

GRIN - Your knowledge has value

Der GRIN Verlag publiziert seit 1998 wissenschaftliche Arbeiten von Studenten, Hochschullehrern und anderen Akademikern als eBook und gedrucktes Buch. Die Verlagswebsite www.grin.com ist die ideale Plattform zur Veröffentlichung von Hausarbeiten, Abschlussarbeiten, wissenschaftlichen Aufsätzen, Dissertationen und Fachbüchern.

Besuchen Sie uns im Internet:

http://www.grin.com/

http://www.facebook.com/grincom

http://www.twitter.com/grin_com

Master-Fernstudiengang „Personalentwicklung"

Technische Universität Kaiserslautern

Distance and Independent Studies Center (DISC)

Portfolioarbeit

E-Learning 4.0 – Veränderte Lernwelten durch den Einsatz von Social-Media Tools innerhalb der beruflichen Aus- und Weiterbildung

Inhaltsverzeichnis

Die weibliche Form ist in dieser Studienarbeit der männlichen Form gleichgestellt; lediglich aus Gründen der leichteren Lesbarkeit wurde die männliche Form gewählt.

1. Einleitung

Die Nutzung von sozialen Medien ist in den letzten Jahren rasant gestiegen, bereits heute verbringen 89 Prozent aller 16-24-jährigen ein Großteil ihrer Zeit in sozialen Netzwerken, auch die Nutzung bei den 25-44-jährigen von immerhin noch 69 Prozent, zeigt deutlich das sich ein Großteil der Bevölkerung und damit auch eine nicht zu unterschätzende Zahl an Mitarbeitern wie selbstverständlich auf diesem Wege informiert und miteinander kommuniziert[1]. Zeitgleich haben sich E-Learning Angebote innerhalb der betrieblichen Aus- und Weiterbildung deutlich weiterentwickelt, doch welche Möglichkeiten bieten, in einer immer stärker digitalisierten Welt, nun Social-Media Anwendungen und wie lassen sich beide „Welten" miteinanderverknüpfen?

Hierzu soll im ersten Teil eine Auseinandersetzung mit themenrelevanten Artikeln aus der Fachliteratur bzw. entsprechenden wissenschaftlichen Publikationen erfolgen. In diesem Zusammenhang soll zudem eine Abgrenzung stattfinden und erläutert werden was unter E-Learning 4.0 zu verstehen ist. Zudem wird in diesem Zusammenhang der Einsatz von Social-Media Anwendungen in aus einer theoretischen Perspektive diskutiert. Daran schließt sich ein Transfer zu themenrelevanten Teilen in ausgewählter Literatur an. Im letzten Teil wird anhand von zwei Beispielen erläutert inwiefern Social-Media innerhalb des E-Learning bereits heute Anwendung im beruflichen Kontext findet und ein Ausblick auf zukünftige Szenarien gegeben.

Diese Arbeit soll eine tiefergehende Auseinandersetzung und Verknüpfung zur digitalen Welt 4.0. ermöglichen und so einen breiteren und zugleich intensiveren Zugang zu dieser Thematik ermöglichen und sich hieraus ableitenden Konzepten für die Praxis bzw. innerhalb des beruflichen Kontext aufzeigen.

---

[1] Vgl. DESTATIS (2016)

2. Rezension und Auseinandersetzung mit der Thematik

In diesem Abschnitt soll auf Grundlage von wissenschaftlichen Quellen ein Einblick in „E-Learning", „Industrie 4.0", „Social-Media" und die Gemengelage bzw. Verknüpfung zueinander beleuchtet werden, hierfür werden einzelne Begriffe erläutert und abgegrenzt, bevor auf den Einsatz von Social-Media Anwendungen innerhalb von E-Learning in der beruflichen Aus- und Weiterbildung eingegangen wird.

2.1 Abgrenzung und Begriffsbestimmung E-Learning 4.0.

Über die Einigkeit der Definition des noch eher jungen Begriffs E-Learning sollte im Grunde Klarheit herrschen, trotzdem ist eine Abgrenzung nicht immer ganz einfach. Übereinstimmung besteht darin das E-Learning als Synonym bzw. Oberbegriff für Formen eines durch elektronische Informations- und Kommunikationstechnologien basierten Lernens verstanden werden kann[2]. In erster Linie stehen dabei die Nutzung unterschiedlichster digitaler Medien für Lehr- und Lernzwecke im Mittelpunkt. In der Literatur wird der Begriff Digitale Medien relativ Allgemeingültig verwandt und kann die Nutzung von digitalen Datenträgern genauso umschreiben wie auch Onlinekurse[3].

Es hat sich gezeigt, dass es Aufgrund der Gemengelage und zur einfacheren Rezeption sinnvoll sein kann, E-Learning in die Unterpunkte Computer-Based-Training (CBT), Web-Based-Traning (WBT), Online Learning sowie Distance, Virtual bzw. Telelearning zu unterteilen[4]. Eine Besonderheit stellt dabei in diesem Zusammenhang das Blended Learning dar, hier werden E-Learning-Einheiten mit Präsenzveranstaltungen verknüpft[5].

In der Literatur folgt die Definition des Begriffs E-Learning insbesondere dem Aspekt der Nutzung von Internettechnologien zur Gestaltung von computerbasierten Lernumgebungen[6]. Zeitgleich findet sich in der wissenschaftlichen Auseinandersetzung in Bezug auf E-Learning auch die Begrifflichkeit des Corporate E-Learning wieder, dies ist insbesondere dann der Fall, wenn E-Learning innerhalb von Unternehmen zur Qualifikation von Mitarbeitern stattfindet[7]. Es wird deutlich, dass vielfach vom gleichen

---

[2] Vgl. Treutmann, Klaus-Peter/Ganguin, Sonja/Arens, Markus (2012) S.38
[3] Vgl. Kerres, Michael (2013) S.6
[4] Vgl. Back, Andrea/Bendel Oliver/Stoller-Schai, Daniel (2001) S.34
[5] Vgl. Erpenbeck, John/Sauter, Werner (2015) VII
[6] Vgl. Seel, Norbert M./Ifenthaler, Dirk (2013) IX
[7] Vgl. Voigtländer, Christine/Breitner, Michael H. (2010) S.39

gesprochen wird, aber unterschiedliche Begriffe in der wissenschaftlichen Auseinandersetzung gewählt werden.

Was bedeutet aber in diesem Zusammenhang der Begriff „Industrie 4.0" und was sagt dieser Begriff letztlich aus? Im Grunde fußt die Begrifflichkeit Industrie 4.0 auf eine Initiative von Politikern, Wissenschaftlern und Wirtschaftsvertretern, welche sich innerhalb der „Plattform Industrie 4.0" zusammengetan haben um durch dieses Konzept die Wettbewerbsfähigkeit der deutschen Industrie im internationalen Vergleich zu stärken und entsprechende Impulse zu setzen[8]. In diesem Zusammenhang soll die Begrifflichkeit signalisieren, dass die nächste Industrie Revolution eingeläutet ist. Dabei ist die sogenannte vierte industrielle Revolution unter anderem geprägt durch einen Wechsel von zentraler auf dezentrale Produktion sowie hoch intelligente Prozesse in denen Menschen und Maschinen entlang der gesamten Wertschöpfungskette miteinander verknüpft sind und in Kommunikation zueinander treten. Industrie 4.0 setzt letztlich die Idee und das Konzept des „Internet of Things" fort, in dem Menschen, Dinge (Maschinen und Produkte), Daten, neue Organisationsformen und industrielle Verfahren auf Grundlagen der sich immer weiterfortentwickelnden technischen Infrastruktur miteinander verknüpft werden[9]. Interessanterweise ist der Begriff insbesondere im deutschen Sprachraum gängig, im internationalen Kontext findet er dahingegen kaum Verwendung.

Zwar wurden zuvor bereits die Begrifflichkeiten E-Learning und Industrie 4.0 erläutert, es ist jedoch aber nicht ganz klar was eigentlich nun E-Learning 4.0 bedeutet. Eine durch Wilbers in diesem Zusammenhang eröffnete These lautet u.a. das Industrie 4.0 die Formen des E-Learning innerhalb der beruflichen Aus- und Weiterbildung verändert. Es wird deutlich das Digitalisierung und Innovationen zu einem Treiber für veränderte Lernprozesse in Unternehmen werden[10]. Insbesondere technische Möglichkeiten und Entwicklungen, lassen neuartige Prozesse und Lernarrangements zu, so dass für das Lernen neue Infrastrukturen zur Verfügung stehen[11]. Auch Ring greift diesen Wandel in seinem Beitrag „Corporate E-Learning in Industrie 4.0" auf. Er nennt in diesem Zusammenhang neben der Industrie 4.0. und der fortschreitenden Digitalisierung auch

---

[8] Vgl. Plattform Industrie 4.0. (2015)
[9] Vgl. Hermann, Mario/Pentek, Tobias/Otto, Boris (2016) S.3929
[10] Vgl. Wilbers, Karl (2016) S.5
[11] Vgl. ebd. S.35

die weiterwachsende Globalisierung von Unternehmen als weiteren Treiber, der das E-Learning in Unternehmen verändert[12]. Die Plattform 4.0 aufgreifend, sollen Unternehmen zudem in Bezug auf ihre zukünftige berufliche Aus- und Weiterbildung, die Rahmenparameter innerhalb der Organisation so anpassen, dass ein einfaches Lernen innerhalb der Prozesse ermöglicht wird. In diesem Zusammenhang muss die Qualifikation der Mitarbeiter in Unternehmen so weiterentwickelt werden, dass betriebliche Kompetenzentwicklung, prozessorientiertes Lernen und neue Lernformen Unterstützung finden[13]. Dies führt letztlich dazu, dass neue Medien innerhalb des E-Learning Einzug finden, welche den zukünftigen Herausforderungen Rechnung tragen. Zeitgleich nimmt jedoch damit auch die Komplexität von E-Learning weiter zu[14].

Dittler stellt in Bezug auf die Entwicklung eines E-Learning 4.0 insbesondere eine grundsätzliche Veränderung hin zu einer Postmedialität fest, in der sich das Verständnis von Lernen, Wissen und Bildung nachhaltig verändert hat. Postmedialität zeichnet sich für ihn neben der stetigen Präsenz von Informations- und Kommunikationsmedien, durch die ständige Verfügbarkeit von Informationen sowie eine neue Form von Datenqualität aus. Für ihn knüpft also die Begrifflichkeit 4.0 nicht unmittelbar an die durch die Plattform Industrie 4.0 aufgezeigten Parameter und Herausforderung an, vielmehr sieht er nach der Industriegesellschaft, der Informationsgesellschaft sowie der Mediengesellschaft eine neue vierte Phase eingeläutet, welche den Einsatz und die Möglichkeiten von E-Learning tangiert. Begründet wird dies mit dem zunehmen Bedeutungszuwachs von Social-Media Anwendungen und einer veränderten Internetnutzung aufgrund der sukzessiven Verbreitung von Smartphones, Tablett-PCs, etc.[15].

Es wird als deutlich das die Näherung an den Begriff E-Learning 4.0 unterschiedlich ausfallen kann, gemein ist beiden Ansätzen doch die Tatsache, dass die sich verändernden technischen Rahmenparameter und Entwicklungen insbesondere in Bezug auf die Kommunikationsformen bzw. -möglichkeiten, einen nicht zu unterschätzenden Einfluss auf das E-Learning haben und so neuartige Konzepte bei der Nutzung von Lernarrangements bieten und ermöglichen.

---

[12] Vgl. Ring, Welf (2017) S.145
[13] Vgl. ebd. S.146
[14] Vgl. ebd. S.151
[15] Vgl. Dittler, Ullrich (2017) S.37f

2.2 Einzug von Social-Media Tools im Rahmen der beruflichen Aus- und Weiterbildung

In Bezug auf Social-Media Tools bzw. Anwendungen ist heutzutage fast jeder in der Lage ein Beispiel für entsprechende Lösungen zu nennen und jeder nutzt entsprechende Dienste, seien es Unternehmen, die sich auf Twitter, YouTube oder Facebook präsentieren oder Nutzergruppen wie der einzelne Mitarbeiter der sein persönliches Profil in Netzwerken wie LinkedIn oder Xing pflegt um in Interaktion mit anderen Mitarbeitern, ehemaligen Kollegen oder Kunden bzw. Lieferanten zu treten[16]. Aber auch Schlagworte wie Wikis oder Weblogs fallen, wenn es um Anwendungen in diesem Bereich geht[17].

In einer allgemeingültigen Definition des Begriffs, welcher sich seit ca. 2002 etabliert hat, steht Social-Media für Systeme welche menschliche Kommunikation und Kollaboration unterstützen und gemeinsam haben, den Aufbau und die Pflege virtueller Gemeinschaften zu fördern[18]. Eine andere Definition fasst den Begriff etwas weiter und sieht in Social-Media „persönlich erstellte, auf Interaktion abzielende Beiträge, die in Form von Text, Bildern, Video oder Audio über Onlinemedien für einen ausgewählten Adressatenkreis einer virtuellen Gemeinschaft oder für die Allgemeinheit veröffentlicht werden[19]". In der Literatur findet sich zudem häufig auch eine Unterdifferenzierung zwischen Social-Media und Social Software. Wobei dann von Social Software gesprochen wird, wenn Tools die generische Tätigkeit von Informations- und Wissensarbeitern unterstützten. Im allgemeinen Sprachgebrauch findet zwischen den beiden Begrifflichkeiten jedoch keine Differenzierung statt bzw. beide werden synonym füreinander verwand[20].

Letztlich werden soziale Medien also erst durch Interaktion der einzelnen Nutzer zu dem was sie sind. Dabei gibt es heutzutage eine Vielzahl unterschiedlicher Onlinemedien bzw. -plattformen, in denen Nutzer ihre eigenen Beiträge einbringen können und in Interaktion mit anderen Mitgliedern treten können. Eine Übersicht der verschiedenen

---

[16] Vgl. Back, Andrea/Gronau, Klaus/Tochtermann, Klaus (2012) S.1
[17] Vgl. Kerres, Michael (2013) S.201
[18] Vgl. Bächle, Michael (2006) S.121
[19] Vgl. Hettler, Uwe (2010): S. 14
[20] Vgl. Back, Andrea/Gronau, Klaus/Tochtermann, Klaus (2012) S.7

Tools zeigen z.B. das „Conversation Prism"[21] oder „Top Tools for Learning"[22], hierbei wird klar welche Bandbreite an unterschiedlichen Anwendungen auf dem Markt existieren und welchen Stellenwert Social-Media Anwendungen eingenommen haben.

In der wissenschaftlichen Auseinandersetzung wird erkennbar, dass sich die betriebliche Weiterbildung in Bezug auf die Didaktik und Methodik ihrer Lernangebote sowie bei der Durchführung von Veranstaltungen nicht mehr den sozialen Medien entziehen kann, vielmehr werden sie zukünftig zu einem Teil des Kompetenzerwerbs[23]. Aus Sicht des Lerntheoretikers Siemens ist Lernen heutzutage "the process of forming and pruning connections through social and technological networks[24]".

Dabei findet in Bezug auf das Lernen innerhalb von sozialen Netzwerken laut Kerres eine Grenzverschiebungen statt. So werden zum einen User zu Autoren, was bedeutet das nicht nur Lehrende sondern auch Lernende Inhalte erzeugen. Zweitens verschwimmt die Grenze zwischen lokaler und globaler Datenverarbeitung, da von überall auf Informationen zugegriffen werden kann, wird Lernen allgegenwärtig. Drittens wird Privates sukzessive öffentlich und der Lernprozess des Einzelnen ist somit sichtbar[25]. Es gilt daher Lernumgebungen zu schaffen, welche sich den sozialen Medien bedienen, umso die Kompetenzentwicklung von Lernenden zu unterstützen[26]. Insbesondere in Bezug auf das informelle Lernen kann durch Social-Media Anwendungen, eine Lernkultur geschaffen werden, in der das offene und selbstorganisierte Lernen einen besonderen Platz einnimmt und Lernende bzw. Mitarbeiter anderen Inhalte zur Verfügung stellen[27].

Innerhalb der beruflichen Weiterbildung, tritt Social-Media häufig in einer Brückenfunktion zwischen formellen und informellen Lernen auf. Durch Rückgriff auf solche Anwendungen wird der inhaltliche und institutionelle Rahmen erweitert und es werden Möglichkeiten für Selbstgesteuertes und bedarfsorientiertes Lernen geschaffen[28].

---

[21] https://conversationprism.com/
[22] http://c4lpt.co.uk/top100tools/
[23] Vgl. Back, Andrea/Gronau, Klaus/Tochtermann, Klaus (2012) S.407
[24] Vgl. Siemens, George (2010)
[25] Vgl. Kerres, Michael (2013) S.203
[26] Vgl. Back, Andrea/Gronau, Klaus/Tochtermann, Klaus (2012) S.402
[27] Vgl. Robes, Jochen (2011) S.75
[28] Vgl. Rohs, Matthias (2013) S.41

3. Aufzeigen und Verknüpfung zu Inhalten aus der Literatur

Auch in der Literatur werden die neuen Informations- und Kommunikationstechnologien und ihre didaktischen Möglichkeiten als z.b. von Seel und Ifenthaler als sehr vielseitig beschrieben und darauf verwiesen, dass sich das Angebot an Multimedia- Programmen im Bereich des Lernens deutlich weiterentwickelt hat und im Internet verschiedene Tools für die Planung und Entwicklung von E-Learning-Kursen angeboten werden[29]. Es kann laut ihrer Aussage davon ausgegangen werden, dass insbesondere soziale Netzwerke in diesem Zusammenhang für neue Impulse sorgen[30].

Wie auch im Rahmen dieser Arbeit bereits angeklungen, liegt der Vorteil von E-Learning bzw. Online Lernen in der leichten Aktualisierbarkeit von Inhalten und der Nutzung von Anwendungen des Wissensmanagements. So können verschiedenartige Lernmaterialien bzw. -medien einfacher zur Verfügung gestellt werden und mit Rückgriff spezieller Kommunikationstools wird ein offener Austausch sowie eine Auseinandersetzung mit Inhalten innerhalb der Lerngruppe ermöglicht[31]. Seel und Ifenthaler stellen dabei fest, dass die computervermittelte Kommunikation positive Auswirkungen auf seine Nutzer hat und so ein effektives Lernen, über alle Raum- und Zeitgrenzen hinweg, möglich macht[32]. Neben dem Vorteil des Unabhängigen Lernens von Zeit- und Raum, ist auch die Individualität des Lernens hervorzuheben, so dass Kurse bedarfsgerecht zugeschnitten werden können. Diese Vorteile lassen sich unter dem Überbegriff der Flexibilität zusammenfassen[33].

Auch eine bisher noch nicht dargestellte Chance des E-Learning, wird in den Literatur aufgegriffen und zielt auf die Möglichkeit des Transfers ab. Erlerntes Wissen kann direkt in der Praxis Anwendung finden und der Lernende stellt so einen unmittelbaren Bezug zu alltäglichen Problemen oder Herausforderungen her[34]. Dieser Aspekt ist insbesondere in Bezug auf die Entwicklung von Kompetenzen nicht zu unterschätzen, findet doch erst bei der Lösung von konkreten Praxisproblemen, in realen Aufgaben und

---

[29] Vgl. Seel, Norbert M./Ifenthaler, Dirk (2013) S.79
[30] Vgl. ebd. S.4
[31] Vgl. ebd. S.71
[32] Vgl. ebd. S.70
[33] Vgl. ebd. S. 5
[34] Vgl. ebd. S.25

Entscheidungssituationen, Kompetenzentwicklung statt[35]. Wie bereits Erpenbeck und Sauter ausführen, setzt „Kompetenzentwicklung [...] voraus, dass die Lernenden in realen Entscheidungssituationen in ihrem Arbeitsprozess oder in Projekten Widersprüche, Konflikte oder Verunsicherungen schöpferisch verarbeiten und so zu neuen Emotionen und Motivationen gelangen[36]".

E-Learning ist dabei einer stetigen Entwicklung unterworfen, in welcher in den letzten Jahren ein kompetenzorientierter E-Learning-Ansatz in den Mittelpunkt gerückt ist, in dem Mitarbeiter gefordert werden, selbstorganisiert und kreativ Problemlösungen im beruflichen Alltag zu erarbeiten. In Zusammenhang zwischen E-Learning und Sozialen Medien kommt es zu einer Loslösung zwischen Lernenden und Experten. Jeder kann seine Erfahrungen und sein Wissen einbringen, sich mit unterschiedlichen Sichtweisen auseinandersetzen und Inhalte reflektieren und bewerten. Lebendige Kommunikation im Netzwerk, bei der Wissen weiterentwickelt wird, löst Monologe und Monotonie ab. „Die Grundlage des Lernprozesses bildet nicht mehr allein das Wissen der Expertinnen/ Experten, sondern die wertende „Weisheit des Netzwerkes"[37]".

Anknüpfend zu Erpenbeck und Sauter, verweisen auch Seel und Ifenthaler in diesem Zusammenhang auf die stattfindende Grenzverschiebung, in welcher die Benutzer die Rolle von Autoren übernehmen und eigene Inhalte erstellen, bewerten, ergänzen und verändern und sprechen gar von einer „soziale Revolution[38]", was in diesem Zusammenhang die Rolle der Social-Media-Anwendungen betrifft[39].

In Bezug auf E-Learning und Social-Media, taucht in der Literatur auch der Begriff des Social Learning auf. Unter Social Learning wird laut Erpenbeck und Sauter kompetenzorientiertes E-Learning verstanden, welches auf Social-Media-Anwendungen zurückgreift und vernetztes, selbstorganisiertes und informelles Lernen umfasst. In Zukunft werden Mitarbeiter auf Soziale Lernplattformen bzw. eine persönliche Lernumgebung „Personal Learning Environment" zurückgreifen, in dessen Rahmen Wissensaufbau und Qualifizierung sowie Kompetenzentwicklung stattfindet.

---

[35] Vgl. Erpenbeck, John/Sauter, Werner (2015) S.99
[36] Vgl. ebd. S.148
[37] Vgl. ebd. S.46
[38] Vgl. Seel, Norbert M./Ifenthaler, Dirk (2013) S. 159
[39] Vgl. ebd. S.149

In Bezug auf Wissensaufbau und Qualifizierung organisieren die Lernenden ihren Lernprozess im Rahmen vorgegebener Lernarrangements weitestgehend selbst und nutzen hierzu Forumsdiskussionen, Wikis, Blogs, etc. in denen sie sich aktiv einbringen und Informationen teilen. Dazu bauen sie sich ihr eigenes persönliches Wissensmanagement auf, indem sie auf unterschiedliche Kanäle zurückgreifen.

Innerhalb der Kompetenzentwicklung organisieren die Lernenden Ihre Lernorganisation und –ziele eigenständig und treten in den Dialog mit anderen Teilnehmen, um Erfahrungen einzubringen und mit anderen in kollaborativer Form Fragestellungen aus der Praxis zu bearbeiten, um Ideen bzw. Lösungen für ihren beruflichen Alltag zu erarbeiten. Hierzu kann auf Blogs, Wikis, Gruppenchats oder Webinar-Systeme zurückgegriffen werden.

Auch Unternehmensinterne Social-Media Plattformen bzw. Netzwerke sind dabei sich zu Lernsystemen weiterzuentwickeln. Mitarbeiter haben so die Möglichkeit laufend relevante Informationen zu ihrem beruflichen Alltag abzurufen und Wissen und Erfahrungen mit anderen zu teilen[40].

„Social Learning im Unternehmen ermöglicht netzbasiertes Workplace Learning durch die Verknüpfung von kollaborativem Arbeiten und Lernen, fördert die Netzwerkbildung und unterstützt den individuellen Kompetenzaufbau der Mitarbeitenden[41]".

Es wird also deutlich, dass verschiedenste Aspekte E-Learning zu einem für die berufliche Aus- und Weiterbildung heute nicht mehr zu vernachlässigendem Instrument machen, in der insbesondere in Verknüpfung mit sozialen Medien zudem vielfältige Facetten und Chancen ermöglicht werden. Nachdem ein Großteil der Geschäftsprozesse und Kommunikation in Unternehmen heutzutage online stattfinden, ist es nur folgerichtig, dass sich auch die Lernkonzepte entsprechen anpassen und sich am dem Nutzungsverhalten orientieren.

---

[40] Vgl. Erpenbeck, John/Sauter, Werner (2015) S.48-51
[41] Vgl. ebd. S. 52

4. Einblick in die Prax

Nachdem zuvor recht theoretisch über die Einsatzmöglichkeiten von Social-Media Anwendungen innerhalb des E-Learning für die betriebliche Aus-und Weiterbildung diskutiert wurde, soll nun ein Einblick in die Umsetzung innerhalb der Praxis gegeben werden. Hierzu werden Konzepte aus Unternehmen dargestellt und um einen Ausblick auf zukünftige Möglichkeiten ergänzt.

Ein Beispiel aus der Praxis ist unter anderem das Lernen bei der Volkswagen-Tochter SEAT, die im Jahr 2011 eine Plattform für die Schulung und Qualifikation von Vertriebsmitarbeitern entwickelt hat. SEAT verfügt in Deutschland über ein Vertriebsnetz von vier eigenen Niederlassungen, 300 Vertriebspartnern und knapp 360 Service-Partnern.

Traditionell wurden Informationen zu neuen Vertriebskonzepten, Modellen oder Kampagnen über Broschüren, das Intra- bzw. Extranet oder in Form von Schulungen durchgeführt. Aufgrund er dezentralen Vertriebsorganisation mit den räumlich weitverteilten Niederlassungen, ist eine regelmäßige und permanente Schulung der Mitarbeiter jedoch fast nicht möglich und immer mit einem sehr hohen Aufwand verbunden, der entsprechende Kosten verursacht. Durch die Schnelllebigkeit der Branche, auch in Bezug auf neue Aktionen oder Verkaufsprogramme, konnten bisherige E-Learning-Szenarien nicht die gewünschten Ergebnisse liefern, Wissen aktuell zu halten und nachhaltig zu implementieren.

Entsprechend wurde eine Plattform geschaffen in der eine hohe Aktualität des Wissens erreicht wird und die digitale Medien wie Podcasts sowie Videos nutzt und in Ihrer Gesamtheit auf Social-Media-Tools zurückgreift. Idee war eine Art „Xing für Händler" zu schaffen, in der sich Verkäufer treffen und Erfahrungen austauschen und so informell voneinander lernen.

Hierfür wurde im Intranet ein eigener Bereich geschaffen, in dem wie in anderen sozialen Netzwerken dieser Art (Xing, Linkedin, Facebook, etc.) ein Profil mit Informationen zur Person, Pinnwand und Kontakten zu sehen ist. Zudem gibt es Forenbereiche, in den Themen zu Verkaufsaktionen, Vertriebsthemen, Fahrzeugmodellen und Zubehör besprochen werden und Meinungen, eigene Erfahrungen und Tipps ausgetauscht werden. Die Themen lassen sich mit „Hashtags" versehen und synonym zu Facebook wurde ein „Like"-Button eingeführt. Innerhalb der Plattform finden sich zu aktuellen

Themen entsprechende Audio-Podcasts sowie Videos, welche sich in Diskussionsbeiträge einbinden lassen und als zentrale Lern- und Qualifikationsquelle genutzt werden.

Dem Nutzer wird so ermöglicht unabhängig von Raum und Zeit auf Inhalte zuzugreifen und durch den Austausch mit anderen Erfahrungen zu besprechen, die er direkt in der Praxis anwenden kann, ohne das ein großer zeitlicher Versatz zwischen Erlerntem und der Anwendung entsteht. Zudem beginnt ein Wissenskreislauf, Erfahrung aus Foren werden teilweise in den Podcasts aufgegriffen und nach Anwendung durch andere wieder diskutiert und bewertet. So kann eine hohe Aktualität, Nachhaltigkeit und verbesserte Motivation bei den Mitarbeitern erreicht werden[42].

Ein anderes Beispiel ist das Projekt „PRiME" der Deutschen Bahn AG, welches in einem Projektzeitraum von 2013 bis Ende 2016 in Zusammenarbeit mit der RWTH Aachen entwickelt und getestet würde und innerhalb einer begrenzten Zielgruppe (Wagenmeister und Techniker) ausgerollt wurde.

Das Projekt hat das Ziel sofortige Hilfestellungen in Arbeitsprozessen zu ermöglichen sowie selbstgesteuertes Lernen am Arbeitsplatz zu verbessern. Hierzu sollen, unabhängig von Zeit und Ort, alle relevanten Informationen zur Verfügung gestellt werden und zudem ein gemeinsames bearbeiten bzw. ergänzen möglich sein. Im Rahmen der Umsetzung wurde den Mitarbeitern ein Tablet zur Verfügung gestellt, durch das ein zentraler Zugriff auf alle relevante technischen Dokumente, wie Schaltpläne oder Anleitungen, gegeben ist.

Zudem ist über dieses Gerät eine Verknüpfung zu einer Art sozialem Netzwerk möglich, in welchem die Nutzer Bewertungen und Kommentare zu Inhalten verfassen können und anderen Mitarbeitern über Video-, Text- oder Fotofunktionen Inhalte zur Verfügung stellen, umso eine virtuelle Umgebung für Support und Expertenaustausch zu schaffen. So wird Lernen zu einem integralen Element des Arbeitsprozesses und ermöglicht eine deutlich höhere Wirksamkeit und Nachhaltigkeit in Bezug auf das erlernte Wissen. Durch „PRiME" ist ein bedarfsgerechtes Lernen im Arbeitsalltag der Mitarbeiter möglich,

---

[42] Vgl. Magnus, Stephan (2012) S.319-328

dadurch können klassisch Präsenzbildungsphasen durch digitale Medien und mobile Endgeräte ergänzt werden[43].

Die beiden Beispiele zeigen welche Einsatzmöglichkeiten Social-Media-Tools in Bezug auf E-Learning heute schon bieten. Dabei ist unter anderem unter dem Aspekt der technischen Entwicklung mit Tablets und Smartphones ein unaufhaltsamer Prozess in Gang gesetzt worden, welcher E-Learning unabhängiger den je macht. Auch durch Unternehmensinterne Netzwerke wie „Yammer[44]" oder „Facebook at work[45]", treten Online-Communities immer stärker in den Alltag der Mitarbeiter und der kollaborative Austausch über Abteilungen, Unternehmenseinheiten und Ländern wird immer weiter gefördert.

Unter dem wachsenden Aspekt solcher internen Communities, welche sich aus dem klassischen Social-Media-Umfeld, in die Unternehmenswelt entwickelt haben, ergeben sich vielfältige Chancen für die Konzeption von E-Learning-Arrangements. So ist es z.B. möglich in der Praxis klassische Webinare mit Inhalten aus Kanälen wie YouTube zu ergänzen und in diesem Zusammenhang ermöglichen Unternehmensinterne Netzwerke die Bildung von entsprechenden Gruppen, in denen zu den Inhalten des Webinars im Vorfeld bzw. Nachgang ein Austausch zwischen den Teilnehmern/Lernenden stattfinden kann, in denen bspw. eigenen Erfahrungen ausgetauscht werden.

Dieses eher informelle Lernen, gewinnt durch die wachsenden Möglichkeiten der digitalen Medien immer weiter an Bedeutung und Einfluss.

5. Resümee

Es wird deutlich das es unterschiedliche Anwendungsfelder für den Einsatz von Social-Media Tools innerhalb des E-Learning auf Unternehmensseite in Bezug auf die berufliche Aus- und Weiterbildung gibt. Ein Hauptfokus spielt dabei die Rolle des informellen und kollaborativen Lernens, sprich die Kommunikation und der Austausch von Mitarbeitern oder Lernenden im Kontext ihrer täglichen Arbeit und den dort erlebten

---

[43] Vgl. Schumacher, Gerd/ Wode, Bianca (2017) S.196-208
[44] https://www.yammer.com/
[45] https://www.facebook.com/workplace

Herausforderungen und Erfahrungen. Diese „Community-Lernen" unter dem Einsatz von sozialen Netzwerken ermöglicht die Bildung von Kompetenzen und zeitgleich wird ein nachhaltiges Wissen aufgebaut wird. Zeitgleich bedeutet dies, dass es insbesondere in Bezug auf formales Lernen auch weiterhin die klassischen Bildungsangebote geben wird.

Durch den wachsenden Einsatz von mobilen Endgeräten wie Tablettes und eine höhere Flexibilität von Arbeiten in Bezug auf Arbeitsort- und Zeit, wird E-Learning und damit verbunden der Einsatz von Social-Media jedoch einen noch stärkeren Bedeutungszuwachs erleben als er heute schon innehat. Insbesondere durch neue Entwicklungen und Möglichkeiten wie „Augmented Reality" lassen sich in Verknüpfung zu Social-Media Anwendungen innovative Lernwelten erschaffen in welcher das Lernen eine neue Dimension erreicht.

Für Personalentwickler bedeutet dies, dass sie in diesem Zusammenhang Teil der Digitalisierung innerhalb von Unternehmen werden bzw. Treiber für neue und innovative Lernkonzepte.

Literaturverzeichnis

Bächle, Michael (2006): Social Software. In: Informatik Spektrum 29 Jg., H.2, S- 121–124

Back, Andrea/Bendel Oliver/Stoller-Schai, Daniel (2001): E-Learning im Unternehmen. Grundlagen - Strategien - Methoden – Technologien. Zürich: Orell Füssli

Back, Andrea/Gronau, Klaus/Tochtermann, Klaus (2012): Web 2.0 und Social-Media in der Unternehmenspraxis. Grundlagen, Anwendungen und Methoden mit zahlreichen Fallstudien. München: Oldenbourg Verlag

DESTATIS (2016): IT-Nutzung Private Nutzung von Informations- und Kommunikationstechnologien 2016. Online im Internet unter https://www.destatis.de/DE/ZahlenFakten/GesellschaftStaat/EinkommenKonsumLeben sbedingungen/ITNutzung/Tabellen/NutzungInternetPrivZweckeAlter_IKT.html

Dittler, Ullrich (2017): Ein kurzer historischer Rückblick auf die bisherigen drei Wellen des E-Learning. In Dittler, Ullrich (Hg.): E-Learning 4.0. Mobile Learning, Lernen mit Smart Device und Lernen in sozialen Netzwerken. Berlin: De Gruyter S.5-42

Erpenbeck, John/Sauter, Werner (2015): Kompetenzentwicklung, Studienbrief PE0410 im Rahmen des Fernstudiengangs Personalentwicklung, TU Kaiserslautern

Hermann, Mario/Pentek, Tobias/Otto, Boris (2016): Design Principles for Industrie 4.0 Scenarios. In: 49th Hawaii International Conference on System Sciences (HICSS) 2016., S.3928 – 3937

Hettler, Uwe (2010): Social-Media Marketing. Marketing mit Blogs, Sozialen Netzwerken und weiteren Anwendungen des Web 2.0. München: Oldenbourg Verlag

Kerres, Michael (2013): Mediendidaktik. Konzeption und Entwicklung mediengestützter Lernangebote. München: Oldenbourg Verlag

Magnus, Stephan (2012): Lernen im Enterprise 2.0 bei SEAT. In: Treutmann, Klaus-Peter/Ganguin, Sonja/Arens, Markus (Hg.): E-Learning in der beruflichen Bildung. Qualitätskriterien aus der Perspektive lernender Subjekte. Wiesbaden: VS Verlag für Sozialwissenschaft S.319-328

Plattform Industrie 4.0. (2015): Hintergrund zur Plattform Industrie 4.0. Online im Internet unter http://www.plattform-i40.de/I40/Navigation/DE/Plattform/Plattform-Industrie-40/plattform-industrie-40.html (21.09.2017)

Ring, Welf (2017): Corporate E-Learning in Industrie 4.0. E-Learning on-the-job in Form von Performance Support realisieren. In: Wilbers, Karl (Hg.): Industrie 4.0. Herausforderungen für die kaufmännische Bildung. Berlin: epubli S.143-154

Robes, Jochen (2011): Vom Personalentwickler zum Community Manager? Ein Rollenbild im Wandel. In: Trost, Armin/Jenewein, Thomas (Hg.): Personalentwicklung 2.0.Köln: Luchterhand S.65-77

Rohs, Matthias (2013): Social-Media und informelles Lernen. Potenziale von Bildungsprozessen im virtuellen Raum. In: DIE Zeitschrift für Erwachsenenbildung H. 02/2013 S.39-42

Schumacher, Gerd/ Wode, Bianca (2017): Praxisbeispiel: Deutsche Bahn. Lernen und Arbeiten mit mobilen Endgeräten. In: Dittler, Ullrich (Hg.): E-Learning 4.0. Mobile Learning, Lernen mit Smart Device und Lernen in sozialen Netzwerken. Berlin: De Gruyter S.190-208

Seel, Norbert M./Ifenthaler, Dirk (2013): Online Lehren und Lernen, Studienbrief PE1120 im Rahmen des Fernstudiengangs Personalentwicklung, TU Kaiserslautern

Siemens, George (2010): Connectivism in the Enterprise. Elearnspace. Online im Internet unter http://www.elearnspace.org/blog/2010/07/15/connectivism-in-the-enterprise/ (25.09.2017)

Treutmann, Klaus-Peter/Ganguin, Sonja/Arens, Markus (2012): E-Learning in der beruflichen Bildung. Qualitätskriterien aus der Perspektive lernender Subjekte. Wiesbaden: VS Verlag für Sozialwissenschaft

Voigtländer, Christine/Breitner, Michael H. (2010): Ein Leben lang lernen. Von der Vision zum Zukunftstrend. In: Breiter, Michael H./Voigtlander, Christine/Sohns, Karsten (Hg.): Perspektiven des Lebenslangen Lernens. Dynamische Bildungsnetzwerke, Geschäftsmodelle, Trends. Berlin: GITO-Verlag S.1-80

Wilbers, Karl (2016): Berufsbildung 4.0: E-Learning im Zeitalter von Industrie 4.0. Bekanntes, aber auch Unbekanntes. Vortrag. (Aus-)Bildungskongress der Bundeswehr Hamburg: 14.09.2016

Wilbers, Karl (2017): Industrie 4.0 und Wirtschaft 4.0: Eine Chance für die kaufmännische Berufsbildung. In: Wilbers, Karl (Hg.): Industrie 4.0. Herausforderungen für die kaufmännische Bildung. Berlin: epubli S.1-52